mi mini biografía

Ellen Ochoa

Cherry Lake Press

Publicado en los Estados Unidos de América por Cherry Lake Publishing
Ann Arbor, Michigan
www.cherrylakepublishing.com

Asesora de lectura: Beth Walker Gambro, MS, Ed., Yorkville, IL
Ilustrador: Leo Trinidad
Traducción por Editec Soluciones Editoriales

Créditos de las fotos: Adoramassey via Wikimedia Commons CC BY SA 4.0, 5; © Shaiith / Shutterstock, 7; Courtesy of NASA, 9, 17; NASA on The Commons / Flickr Commons, 11, 22; NASA APPEL Knowledge Services, 13; NASA Johnson Space Center, 15; © ASSOCIATED PRESS, 19, 21, 23; Todos los marcos de las imágenes, Shutterstock Images

La información del catálogo de publicación de la Biblioteca del Congreso ha sido presentada y está disponible en catalog.loc.gov.

Impreso en los Estados Unidos de América

contenido

Sobre la autora: Brenda Perez Mendoza es una premiada educadora y autora de la serie *Racial Justice in America: Latinx American*. Creció en Cicero, Illinois, como hablante nativa de español. Cuando iba a la escuela, no había suficiente apoyo para los estudiantes que estaban aprendiendo inglés. Eso es lo que la llevó a convertirse en especialista en ELL K-12 y a trabajar con estudiantes bilingües. Trabaja para que todos los estudiantes, especialmente los latinos, abracen su cultura y celebren quienes son. En la actualidad, vive en Chicago, Illinois, y está comprometida a garantizar que los estudiantes puedan acceder a prácticas educativas que tengan en cuenta la cultura y a defender al niño en su totalidad.

Sobre el ilustrador: Leo Trinidad es un dibujante de cómics, ilustrador y animador costarricense muy exitoso del NY Times. Lleva más de 12 años creando contenido para libros infantiles y programas de televisión. Leo creó la primera serie animada producida en América Central y fundó Rocket Cartoons, uno de los estudios de animación más exitosos de América Latina.También ganó el concurso *Central American Graphic Novel* en 2018.

Nací en Los Ángeles, California, en 1958. Tengo cuatro hermanos.

Mis abuelos eran **inmigrantes** mexicanos.

Fui a la universidad. Estudié ciencia. Trabajé mucho.

Tengo un **doctorado**.

¿Qué te gusta aprender?

Me convertí en **ingeniera**.
Trabajé en la **NASA**.

Luego me convertí en astronauta.

ELLEN OCHOA
NASA

¡Fui la primera latina en el espacio! Eso fue en 1993. Estuve en el espacio 9 días.

Toqué la flauta en el espacio.

¿Qué harías en el espacio?

Fui al espacio tres veces más. ¡Estuve en el espacio casi 1,000 horas!

Estuve en la Estación Espacial Internacional.

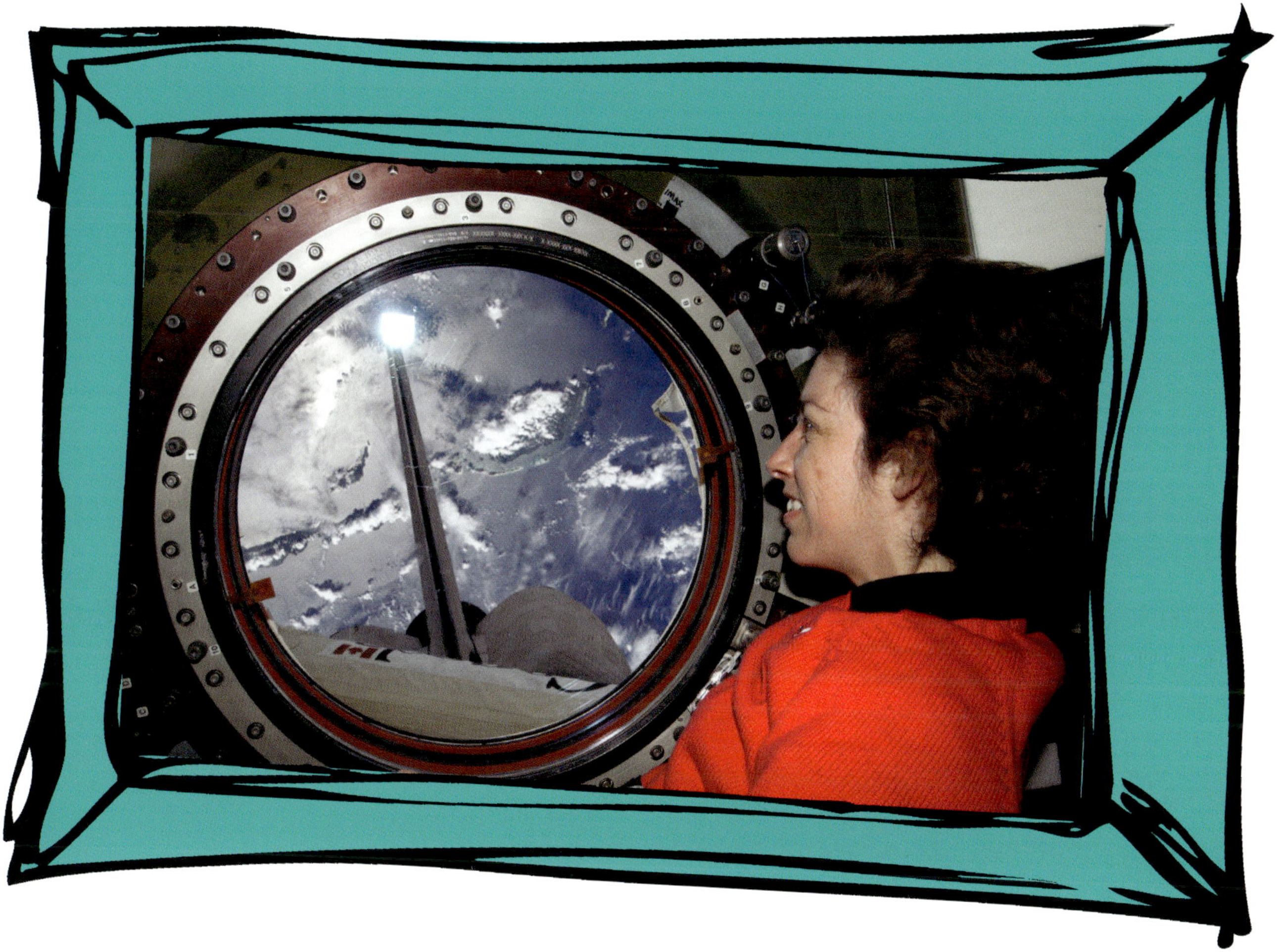

Más tarde, trabajé en el Centro Espacial Johnson.

Fui la **directora**.

FLIGHT DIRECTOR
EVA

Recibí la Medalla al Servicio Distinguido. Es el mayor honor de la NASA. La recibí en 2015.

Dejé la NASA en 2018.

NASA

Visité escuelas. Di charlas. Le cuento a la gente lo importante que es la ciencia. Les digo lo importante que es el trabajo en equipo.

Les digo a los estudiantes hispanos que sueñen con alcanzar las estrellas.

Recibí la Medalla Presidencial de la Libertad. Me la dieron en 2024. Les agradecí a las personas que trabajaron conmigo.

No lo hice sola.

¿Qué te gustaría preguntarme?

línea de tiempo

1993

1930

Nació en 1958

2024

2030

glosario & índice

glosario

directora persona a cargo de una organización o grupo

doctorado el más alto nivel educativo

ingeniera persona que diseña, construye o repara máquinas o motores

inmigrantes personas que se trasladan a un país desde otro

NASA son las siglas de *National Aeronautics and Space Administration* (Administración Nacional de la Aeronáutica y del Espacio), la agencia gubernamental estadounidense que explora el espacio

índice